AF299788

PÉTITION MOTIVÉE

ADRESSÉE

AUX CHAMBRES

Pour demander la suppression

D'UN

ABUS FINANCIER.

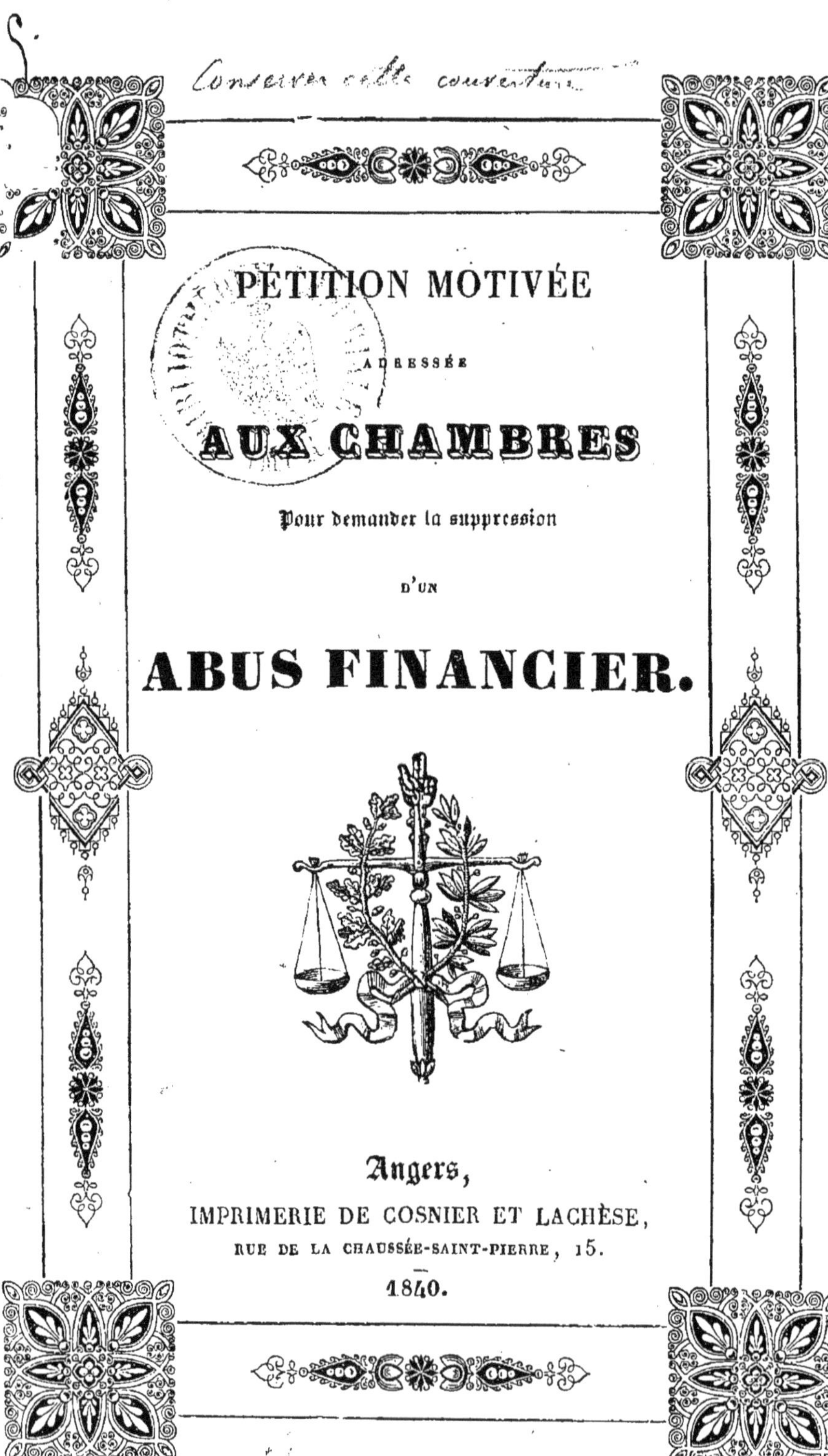

Angers,

IMPRIMERIE DE COSNIER ET LACHÈSE,

RUE DE LA CHAUSSÉE-SAINT-PIERRE, 15.

1840.

PÉTITION MOTIVÉE

ADRESSÉE

AUX CHAMBRES,

PAR AUGUSTE DION, PROPRIÉTAIRE, A ANGERS,

POUR DEMANDER

LA SUPPRESSION D'UN ABUS FINANCIER.

MESSIEURS LES PAIRS,

MESSIEURS LES DÉPUTÉS,

Si l'abus financier, sur lequel j'ai l'honneur d'appeler toute votre attention, est préjudiciable aux intérêts des mineurs; s'il dépouille les familles; si celles peu fortunées, qu'il atteint, en souffrent et en gémissent chaque jour; enfin, s'il blesse les principes du droit commun et de l'équité, vous vous ferez indubitablement un devoir pressant de le supprimer dans l'intérêt général de la société et de l'ordre public.

Il s'agit du droit proportionnel d'enregistrement, exigé par la Régie, sur licitation entre cohéritiers, soi-disant, pour vente, pour mutation, qu'elle se refuse à restituer, mais seulement depuis quelques années, sous le *prétexte* que la perception en a été faite *régulièrement*, lors même que le colicitant adjudicataire produit le règlement authentique qui prouve que les immeubles, pour lesquels il a payé ce droit *provisoirement*, sont entrés en partage dans son lot, jusqu'à concurrence de leur valeur; qu'il les possède, non comme acquéreur, mais comme héritier; que l'acte de licitation n'a opéré ni vente, ni mutation d'aucune partie de ces immeubles à son profit; que c'est, par rapport à lui, tout simplement un acte déclaratif de propriété, et que cet acte, en ce qui le concerne, n'est légalement assujetti à aucun droit proportionnel, dont la perception puisse être *régulière*.

Pour l'intelligence des choses , permettez-moi , Messieurs, de soumettre à votre examen le plus succinctement possible , les principaux faits et circonstances d'une affaire de l'espèce, qui est la mienne propre.

SUCCESSIONS

Des époux François-Pierre Dron , et Marie-Louise Desnou , mes père et mère , dont tous les biens avaient été acquis en communauté.

16 *février* 1837. — Inventaire des valeurs mobilières , titres et papiers.

17 *février*. — Notification de ma demande en partage, formée devant le tribunal d'Angers, contre ma sœur, Mme Roffay , et ses enfants mineurs , légataires de ma mère, pour la portion disponible.

J'étais fondé dans ce partage , pour moitié du côté paternel , et pour un tiers du côté maternel, ou pour *cinq douzièmes* dans la masse de la communauté.

6 , 7 et 8 *mars*. — Vente de tous les meubles et effets inventoriés.

4 *juillet*. — Jugement qui, vu le procès-verbal des trois experts que le tribunal avait nommés pour visiter et estimer les immeubles, ordonne qu'ils seront licités par le ministère du notaire qu'il commet, tant à cet effet, qu'à celui de procéder au règlement à faire entre les parties, avec injonction d'observer les formalités de la loi.

29 *septembre*. — Adjudication définitive partielle , ayant pour objets :

1º Une propriété rurale , avec maison de maître, dite Bellevue, à moi adjugée, pour 27,808 75   27,808 75

2º Une maison de ville, adjugée à ma sœur, pour. 9,881 40

3º Un magasin, adjugé au sieur Payé, étranger à la licitation, pour. 3,334 41

Total des adjudications de ces trois objets. 41,024 56

Mes *cinq douzièmes* dans ce total 17,093 56 17,093 56

Surplus de mon adjudication , dont elle me lotissait , à compte sur les autres valeurs à partager. 10,715 19

6 *octobre*. — Enregistrement de cette adjudication et perception pour droit proportionnel. 424 00

31 *octobre*. — Adjudication finale, 4º du bail emphitéotique d'une maison, adjugé au sieur Bouzillé, également étranger à la licitation, pour 5,779 40

Mes *cinq douzièmes* dans cette somme. . . . . , 2,408 09

Total des adjudications, frais compris. 46,803 96

Total de mes *cinq douzièmes* dans tous
les objets licités. 19,501 65

La propriété de Bellevue me lotissait
donc, en plus, à compte sur mes parts
dans les valeurs mobilières, d'une somme
de. 8 307 10

Pour preuve, total de ces deux sommes,
égal au montant de mon adjudication. 27,808 75

18 *décembre*. — Perception d'un sup-
plément, pour droit proportionnel 29 60

Total perçu à 4 pour 0/0 . . . . 453 60
Plus, le dixième 45 36

Total général de la perception 498 96

Ce droit proportionnel a été perçu sur. 11,339 00 11,339 00
Mon adjudication ne dépassait mes *cinq
douzièmes* dans les trois premiers objets
licités, que de. 10,715 19

4 pour 0/0 sur cette somme, et le 10^e
donnent. 471 46
Perçu en plus, le 6 *octobre*, sur . . . 623 81   27 50

Même total que celui de la perception. 498 96

Ensuite, mon adjudication ne dépassait mes *cinq douzièmes* dans les quatre
objets licités, que de. 8,307 10

4 pour 0/0 sur cette somme, et le 10°
donnent 365 50
Perçu en plus, les 6 *octobre et* 18 *dé-
cembre*, sur. 3,031 90   133 46

Encore même total que celui de la per-
ception. 498 96

Enfin, la propriété de Bellevue m'a été
adjugée pour 27,808 75
M. le Receveur m'a fait payer le droit
proportionnel, sur. 11,339 00

Il *supposait* donc que mes *cinq douzièmes* dans la masse des valeurs mobilières et immobilières appartenant à la communauté de mes père et mère, se bornaient
à la somme de. . . . . : 16,469 75

Cependant, M. le Receveur avait récemment lu et enregistré l'acte
d'inventaire constatant les meubles et effets, l'argent monnayé, l'argen-
terie, les bijoux, les créances, les titres et papiers, qui appartenaient à
cette communauté; l'acte de *vente* de ces meubles et effets, et la déclaration pour payer les droits de mutation, desquels il résultait, au pre-
mier coup-d'œil, que mes *cinq douzièmes* dans toutes ces valeurs
s'élevaient à plus de 28,000 fr.

18 *décembre*. — Transcription du procès-verbal de licitation, au bureau des hypothèques d'Angers, requise par les acquéreurs étrangers,
en ce qui les concernait.

Même jour. — Transcription de la partie de ce procès-verbal, qui m'a-
vait déclaré adjudicataire du lieu de Bellevue, faite d'office, par M. le
Conservateur, et perception du droit proportionnel de 1 fr. 50 c. p. 0/0
sur mon adjudication de 27,808 75 . . . . 417 13

Et le 10ᵉ. 41 72

Plus, pour autres accessoires à cette transcription d'office, tels
que, timbre, registre, etc. 21 15

Total 480 00

6 *juin* 1838. — Règlement définitif authentique, entre mes cohéritiers
et moi. Il porte, *pages* 36 et 37, qui font partie du 3ᵉ chapitre: .
« Il résulte de ce chapitre que M. Dion a droit actuellement à la
» somme de vingt-huit mille cinq cent six francs vingt-un centimes un
» tiers. » Ci. 28,506 21 1/3
» Et à huit mille trois cent trente-trois francs trente-
» trois centimes un tiers, après l'extinction du viage
» Chentrier. Ci. 8,333 33 1/3

12 *juin*. — Homologation de ce règlement.
Ainsi s'accomplirent et se terminèrent les formalités
prescrites par les jugements qui avaient ordonné le partage
et la licitation dont il s'agit, entre majeurs et mineurs.

RÉCLAMATION.

20 *octobre*. — Demande en restitution des sommes perçues par la Régie, pour droits proportionnels et accessoires,
sur mon adjudication du 29 septembre 1837, adressée à
M. le Directeur de l'enregistrement et des domaines, à Angers, avec preuves positives,
Que le règlement du 6 juin 1838 m'attribuait en par-

tage, comme héritier de mes père et mère, deux sommes
distinctes, montant ensemble à celle de. 36,839 54 2/3

Que la propriété rurale de Bellevue m'avait été adjugée
pour. 27,808 75

Et que mes parts héréditaires s'élevaient, en plus, à. . 9,030 79 2/3

D'où il résultait évidemment,

Que j'étais propriétaire de la totalité du domaine de Bellevue, à titre
d'héritier, et nullement à titre d'acquéreur ;

Que l'acte de licitation ne m'en avait transmis aucune partie ni par
vente, pour un prix quelconque payable à qui que ce fût, ni par mutation, puisque je l'avais recueilli tout entier, comme étant tout entier mon
propre patrimoine, pour lequel je ne devais pas une obole de soulte à mes
cohéritiers ;

Que cet acte de licitation ne pouvait être considéré, à mon égard, que
comme un acte de partage purement et simplement déclaratif de propriété, ayant pour seul et unique effet de faire cesser l'indivision ;

Que, par conséquent, rien ne le rangeait dans la catégorie des actes
assujettis aux droits proportionnels ;

Que j'étais donc bien fondé à réclamer la juste restitution des 498 fr.
96 cent. que M. le Receveur m'avait fait payer, en *supposant gratui-
tement* que mon adjudication du 29 septembre me constituait acquéreur
du lieu de Bellevue, à titre onéreux, pour ce qui dépassait mes *cinq
douzièmes* dans cet immeuble ;

Que cette adjudication d'un colicitant, héritier pur et simple, n'était
point de nature à être transcrite au bureau des hypothèques, sa transcription ne pouvant rien purger, puisqu'aux termes de l'article 873 du Code
civil, les héritiers sont tenus des dettes et charges de la succession, per-
sonnellement pour leur part et portion virile, et hypothécairement pour
le tout ;

Qu'ainsi, M. le Conservateur ne l'avait transcrite d'office qu'indûment
à mon préjudice ;

Et enfin, que j'étais donc également bien fondé à réclamer la restitution
des 480 fr. qu'il m'avait aussi fait payer, pour une transcription, sans
cause, qui ne pouvait produire aucun effet à mon avantage ni à celui de
mes cohéritiers.

Cette demande en restitution comprenait aussi la somme de 184 fr. 32 c.
que M. le Conservateur avait également fait payer à Mme Roffay, ma sœur,
pour droit de transcription.

RÉPONSE DE M. LE DIRECTEUR.

« Vu, etc..... En ce qui concerne la demande en restitution du droit
» d'enregistrement, une décision de M. le Ministre des finances du 23
» mars 1835, ainsi qu'un arrêt de cassation du 14 novembre 1837, por-
» tent que la perception faite sur la portion du prix excédant la part du
» colicitant dans les biens licités par un même acte, est définitive et ne
» peut être modifiée par l'effet d'un partage ultérieur qui attribuerait la
» totalité du prix à ce colicitant.

» Or, les droits perçus pour l'acte du 29 septembre 1837, ont bien été
» définitifs, puisqu'ils n'ont eu lieu que sur la somme excédant la part
» pour laquelle chaque colicitant était fondé, et parce que chacun d'eux
» est réputé acquérir la portion d'immeubles qui se trouve supérieure au
» montant de la quotité de ses droits.

» Si, plus tard, ces droits éprouvent une variation de quotité, d'après
» un règlement ou partage, ce n'est plus qu'un évènement ultérieur, sans
» influence sur la perception première qui, par rapport à l'acte qui en a
» été l'objet, est devenue régulière.

» Quant au droit de transcription, un arrêt de cassation du 9 mai
» 1837, a décidé que lorsque le droit d'enregistrement d'une adjudication
» sur licitation, faite à un héritier pur et simple, n'a été perçu qu'à
» 4 p. 0/0, et que la formalité de la transcription est *requise ultérieu-*
» *rement* au bureau des hypothèques, le droit proportionnel de 1 fr. 50 c.
» est alors exigible sur le prix intégral de l'adjudication, c'est-à-dire sur la
» totalité du prix, sans déduction de la part de l'adjudicataire, bien que
» cette part se déduise pour la liquidation du droit d'enregistrement, at-
» tendu que les héritiers sont obligés, de même que tous autres adjudi-
» cataires, de représenter le prix des immeubles, tel qu'il a été fixé par
» l'adjudication, aux créanciers hypothécaires de la succession, et que,
» d'un autre côté, la transcription a pour objet de purger les hypothèques
» grevant les biens du chef du défunt, et de procéder, s'il y a lieu, à
» l'ordre et à la distribution de la totalité de ce prix.

» La perception du Receveur, ainsi que celle du Conservateur ayant
» été faites dans ce sens, il n'y a pas lieu de les modifier.

» Toutefois, comme il existe dans la liquidation du droit d'enregistre-
» ment, perçu pour la licitation, une erreur de 27 fr. 28 c. au préjudice
» du sieur Dion, la restitution de cette somme est accordée par le mandat
» ci-joint.

» Angers, le 18 octobre 1838. — Le Directeur des domaines.

» *Signé* JANVIER-LACHENAYE.

REMARQUE PARTICULIÈRE.

Quand le procès-verbal d'adjudication des 27 septembre et 31 octobre 1837, fut présenté au bureau des hypothèques d'Angers, uniquement pour transcrire les contrats des acquéreurs étrangers à la licitation, M. le Conservateur transcrivit aussi les adjudications des colicitants, la mienne et celle de ma sœur, mais d'office, malgré que nous n'eussions point *requis* cette transcription et qu'elle n'eût, pour nous, aucun objet d'utilité.

Dans ce cas, l'arrêt de cassation du 9 mai 1837, ayant *décidé* que le droit proportionnel de 1 fr. 50 c. pour o|o, *n'est exigible, que si la formalité de la transcription est requise* au bureau des hypothèques après l'enregistrement de l'acte de licitation ; dans ce cas, dis-je, cet arrêt étant évidemment favorable à notre demande en restitution de ce droit proportionnel, que M. le Conservateur nous avait fait payer indûment ; cette restitution devait nous être accordée, de suite, par M. le Directeur, et, c'est sur ce *même arrêt* qu'il s'est *fondé* pour nous la refuser.

Toutefois, une chose si étonnante ne peut s'attribuer qu'à la croyance où était M. le Directeur que nous avions requis la transcription, mais il se trompait, faute, sans doute, d'être suffisamment éclairé sur ce fait.

Quoi qu'il en soit, nous nous sommes pourvus de nouveau en restitution, ma sœur et moi, devant M. le Ministre des finances, le 5 octobre 1839, bien résolus de porter, au besoin, notre demande devant le tribunal civil d'Angers, pour obtenir justice contre la violation manifeste du droit de propriété des sommes que nous réclamons.

OBSERVATIONS GÉNÉRALES.

La décision de M. le Ministre des finances du 23 mai 1835, et l'arrêt de cassation du 14 novembre suivant, invoqués par la Régie contre les demandes en restitution des sommes qu'elle a perçues pour droits proportionnels sur licitation, comme dans le cas qui m'est personnel, ne peuvent se soutenir devant les vrais principes que la Régie, elle-même, et M. le Ministre des finances, aussi lui-même, ont proclamés avant 1835, en ces termes :

« Lorsqu'un héritier se rend adjudicataire par licitation d'un immeuble » de la succession, il est *affranchi* du droit d'enregistrement jusqu'à » concurrence de ses droits héréditaires dans les biens *meubles* et *im-* » *meubles* de la succession : de sorte que la perception faite sur ce qui » excède sa part virile dans les biens vendus, n'est que *provisoire*, jus- » qu'à la liquidation, lorsque cette liquidation est connue ; pourvu qu'il » se soit écoulé moins de deux ans, il y a lieu de rectifier la perception,

(5)

» suivant les droits qu'elle attribue à l'adjudicataire, tant en *meubles*
» qu'en *immeubles*. *(Délibération de la Régie du 15 novembre 1826.)*

» Suivant l'article 880 du Code civil, chaque cohéritier est censé avoir
» succédé seul et immédiatement à tous les effets compris dans son lot ou
» à lui échu sur licitation. Le partage ou licitation n'étant ainsi que dé-
» claratif de propriété, en ce qui concerne les biens attribués à la portion
» de chaque cohéritier, le droit de mutation n'est point dû sur la valeur
» de cette portion, lorsqu'elle est définitivement réglée par un partage,
» et jusqu'à ce partage définitif, les actes que passent entre eux les cohé-
» ritiers dans le but de faire cesser l'indivision, sont, d'après l'article 888
» du Code civil, nécessairement *provisoires*. Conformément à ces prin-
» cipes, la disposition de l'article 69, § 7, n° 4 de la loi du 22 frimaire
» an VII, qui assujettit au droit de 4 pour o[o les parts et portions indi-
» vises des biens immeubles acquis par licitation, doit être entendue de ce
» qui est *réellement acquis* par un cohéritier au-delà de sa portion virile
» dans la masse. Néanmoins, dans l'état d'indivision de la succession,
» ces parts et portions sont censées, pour la perception du droit d'enre-
» gistrement, au moment de la formalité, se composer de tout ce qui
» excède la portion du cohéritier acquéreur dans l'immeuble licité, mais
» cette perception n'est que *provisoire*, comme la licitation elle-même,
» et elle est susceptible de restitution, jusqu'à due concurrence, s'il est
» justifié que par un partage définitif, le prix de l'adjudication a été at-
» tribué au lot du cohéritier acquéreur, en totalité ou pour une portion
» supérieure à sa part dans l'immeuble licité. *(Décision de M. le Mi-*
» *nistre des finances du 21 décembre 1829.)*

» C'est un principe constant que les actes que passent entre eux des
» héritiers, n'ont d'autre objet que le partage (Code civil, article 888).
» Sous ce rapport, ces actes n'ont qu'un caractère *provisoire* relativement
» au règlement définitif. Or, cela s'applique aux licitations, qui elles-
» mêmes ne sont qu'un mode d'arriver au partage. La perception des
» droits auxquels ces actes peuvent donner lieu, ne peut donc être éta-
» blie que *provisoirement*. Ainsi le veut la force des choses, et il n'est
» pas besoin que les actes dont il s'agit contiennent à cet égard aucune
» réserve, qui est de droit. Il suffit, en résultat, que les cohéritiers ac-
» quéreurs justifient, par un règlement définitif, qu'en effet, les biens à
» eux adjugés ou attribués, n'excèdent point leur part dans la *totalité* de
» la succession. La perception ne demeure définitive qu'à l'égard de ce
» qui aurait été acquis au-delà. *(Délibération de la Régie du 12 octo-*
» *bre 1832.)* »

Tels sont les principes immuables, également reconnus et proclamés
dans beaucoup d'autres délibérations, solutions, instructions de la Régie,
et décisions de M. le Ministre des finances ; dans un grand nombre de

jugements des tribunaux de Paris, de Metz, de Besançon, d'Amiens, de Troyes, de Chinon, de La Rochelle, de Bourges, du Hâvre, de Vassy, de Limoges, de Colmar, d'Angers, de Laval, de Versailles, de Bordeaux, de Caen, de Loches, etc., etc., et dans plusieurs arrêts de cassation, dont le Journal des Notaires et le Contrôleur de l'enregistrement font mention aux nombreux articles intitulés : LICITATION — ENREGISTREMENT — TRANSCRIPTION — RESTITUTION.

Eh bien ! Messieurs, ces principes évidemment fondés sur les lois d'ordre public, qui défendent toutes *exactions ;* ces principes d'éternelle justice, les seuls que la bonne foi, que les lumières de la raison puissent admettre; eh bien! la Régie, après avoir constamment, jusqu'en 1835, prescrit à ses préposés de s'y conformer, leur ordonna tout à coup, à cette époque, de les méconnaître, de ne plus s'y conformer, de ne plus restituer les sommes perçues sur licitation, *dans les mêmes cas où, auparavant, elle ne les percevait que* PROVISOIREMENT, *et qu'elle les restituait sans aucune difficulté.*

Avait-on jamais vu un acte *arbitraire* plus surprenant, plus inconcevable ? Aussi, de là, que de *procès !* que de cris à l'*injustice,* à la *spoliation !*

Quel homme fut assez fécond en subtilités, assez courageux, pour inventer ce nouveau système, pour s'en faire un mérite, et pour dire à la Régie :

« Armez-vous de l'article 60 de la loi du 22 frimaire an VII, qui porte que tout droit d'enregistrement, perçu régulièrement, ne pourra être restitué, quels que soient les événements ultérieurs.

» Soutenez vivement que la perception des droits proportionnels sur licitation est *régulière ;* que le règlement ou partage fait entre les colicitants après l'enregistrement de l'acte d'adjudication, est un *événement ultérieur,* et, qu'aux termes positifs de cet article, les sommes perçues ne peuvent plus être restituées.

» Le moyen est INGÉNIEUX, réunissez tous vos efforts pour faire entendre à la Cour de cassation qu'il est *légal ;* si vous y parvenez, elle l'adoptera, et votre succès sera BRILLANT. »

C'est effectivement ce qui arriva, mais il faut espérer que désormais la Régie ne jouira pas longtemps d'un triomphe qu'elle n'a obtenu qu'en dénaturant les choses, qu'en donnant à l'article 60 de la loi du 22 frimaire an VII une fausse interprétation.

La Cour suprême ne persévérera point dans sa nouvelle jurisprudence, dans l'abandon des vrais principes, qu'elle avait tant de fois consacrés avant son arrêt du 14 novembre 1837 ; elle reconnaîtra, sans aucun doute, avec une foule de jurisconsultes, de magistrats, aussi éclairés que consciencieux :

Qu'elle a été induite en erreur ;

Que sa religion a été surprise ;

Que tous les actes qui ont pour objet de faire cesser l'indivision entre cohéritiers, sont assimilés, par les articles 887 et 888 du Code civil, au partage, et qu'ils en produisent tous les effets ;

Que la licitation est un acte de cette nature ;

Que le partage, et par conséquent la licitation, sont déclaratifs et non translatifs de propriété, parce que l'héritier colicitant, en se rendant adjudicataire moyennant un prix égal ou inférieur au montant de ses droits successifs dans la *masse*, ne fait que conserver exclusivement à tous autres, la jouissance de l'immeuble qu'il possédait déjà par indivis avec ses cohéritiers ; conséquemment qu'il est censé, aux termes de l'article 883 du Code civil, avoir succédé seul et immédiatement à tous les effets compris dans son lot ou à lui échus sur licitation, et n'avoir jamais eu la propriété des autres effets de la succession ;

Que ces principes de notre ancien et de notre nouveau droit commun ont constamment été appliqués, en matière fiscale, sous l'empire des édits de mars 1693, de juillet 1704, d'octobre 1705, d'août 1706 et du 20 mars 1708, portant établissement des droits de contrôle et de centième denier ; de la déclaration du 29 septembre 1832, contenant tarif, et de la loi des 5-19 décembre 1790 ;

Qu'ils ont été adoptés par les rédacteurs de la loi du 22 frimaire an VII ;

Qu'en effet, l'article 2 de cette loi divise les droits d'enregistrement en droits fixes et en droits proportionnels, suivant la nature des actes ou mutations qui y sont assujettis ;

Que selon l'article 3, les droits fixes s'appliquent aux actes soit civils, soit judiciaires ou extrajudiciaires, qui ne contiennent ni obligation, ni transmission de propriété, d'usufruit ou de jouissance de biens meubles et immeubles ;

Que selon l'article 4, le droit proportionnel est établi pour toute transmission de propriété, d'usufruit ou de jouissance de biens meubles et immeubles, soit entre vifs, soit par décès ;

Que l'article 68, § 3, n° 2, soumet les partages de biens meubles et immeubles entre copropriétaires, à quelque titre que ce soit, pourvu qu'il en soit justifié, au droit fixe de 3 francs, à moins qu'il n'y ait retour, auquel cas le droit sur ce qui en est l'objet, est perçu aux taux réglés pour les ventes ;

Que l'article 69, § 7, n°s 4 et 5, soumet au droit proportionnel de 4 pour o⁄o les parts et portions indivises des biens immeubles, *acquises* par licitation, ainsi que les retours d'échange et de partage de biens immeubles ;

Qu'une vente par licitation, faite à un copropriétaire, n'est qu'un partage avec retour ou soulte;

Qu'elle a été considérée comme telle et reconnue par les arrêts de la Cour de cassation des 27 novembre 1821, 14 juillet et 10 août 1824, 22 février et 6 novembre 1827, exempte du droit de transcription d'un et demi pour cent, auquel sont imposés les actes translatifs de propriété, en vertu des articles 52 et 54 de la loi du 28 avril 1816;

Que par le mot *soulte* ou *retour*, il faut entendre ce qui n'est pas fourni en deniers ou effets de la succession déjà attribués au copartageant; et par celui *parts*, ce que l'adjudicataire colicitant obtient au-delà de sa portion virile héréditaire dans les immeubles licités; qu'en effet, pour ce qui n'excède pas cette portion, *il ne paie rien*, puisqu'il ne débourse aucun denier; *il n'acquiert rien*, puisqu'il ne fait que conserver ce qui lui appartenait comme héritier; toute l'opération se réduit à lui attribuer, pour sa portion virile des immeubles, et à laisser pour équivalent, aux colicitants, pareille nature de biens ou de valeurs mobilières prises dans la masse à partager;

Que cette doctrine a été enseignée, notamment sous les anciennes lois fiscales, par Denisard, aux mots *centième denier*, nos 32, 33 et 34; *partage*, numéro 74, et *indivision*, nos 3 et 4; par l'auteur du *Dictionnaire raisonné du Domaine*, édition de 1775, v° *Licitation*, pages 235, 236 et 237; et sous la loi du 22 frimaire an VII, par Merlin, v° *Partage*, § 11, nos 3 et 4; par les instructions générales de l'administration, nos 1146, 1307 et 1451, en date des 8 septembre 1824, 27 mars 1830 et 30 janvier 1833; qu'enfin elle a été consacrée par un arrêt de cassation du 24 mars 1823 (Sirey, tome 23, partie 1re, page 200), portant rejet d'un pourvoi de la Régie contre un jugement du tribunal civil de la Seine, qui, en vertu de l'article 883 du Code civil, avait déclaré exempt du droit proportionnel l'acte de partage par lequel un immeuble, unique conquêt de communauté, avait été attribué à l'époux survivant, au moyen d'équivalent en valeurs mobilières abandonnées aux héritiers du prémourant;

Que c'est par une juste et rigoureuse conséquence de ces principes qu'on décidait sous l'ancienne législation, et que l'administration a continué depuis à décider, jusqu'en 1835, que le droit proportionnel ne devait être perçu que *provisoirement* sur un acte de licitation entre cohéritiers, et que ce droit serait *restitué*, si, dans les deux ans, il était justifié par un partage définitif ou une liquidation régulière, que le prix des biens adjugés au colicitant n'excédait point ses parts et portions héréditaires dans la *masse*;

Que l'acte de licitation n'est effectivement translatif des parts des covendeurs dans les immeubles licités, que d'une manière *éventuelle*, et sous une condition *suspensive*, puisque le règlement définitif, qui ne peut être fait qu'après leur mise aux enchères, est seul susceptible de déterminer la nature et la quotité des biens que chaque cohéritier doit recevoir ;

Que les actes translatifs de propriété, subordonnés à une pareille condition, ne sont passibles du droit proportionnel que quand cette condition est arrivée ;

Qu'en matière de licitation, les entraves qu'éprouverait la perception, si les principes étaient rigoureusement suivis, ont fait admettre l'obligation d'acquitter PROVISOIREMENT les droits, lors de la présentation de l'acte à l'enregistrement, mais sans préjudice de l'action en restitution de ces droits, ouverte au colicitant adjudicataire, pour tout ce qui, au règlement définitif, n'excédera point ses parts et portions dans la *masse* des biens à partager ;

Que la loi du 22 frimaire an VII, n'a aucune disposition prohibitive de cette action en restitution ;

Que l'article 60 porte, il est vrai, que tout droit d'enregistrement perçu régulièrement en conformité de la présente, ne pourra être restitué quels que soient les événements ultérieurs, sauf les cas prévus par la présente ;

Mais que cette loi ne soumet pas les transmissions *éventuelles* au droit proportionnel ;

Que l'article 69 n'y soumet que les transmissions de parts et portions indivises d'immeubles *réellement acquises* par licitations ;

Qu'on est dans le *doute* de savoir si le colicitant a *réellement acquis ou non* les objets dont il s'est rendu adjudicataire, jusqu'à ce que le partage ou règlement soit arrêté et qu'il en justifie ;

Qu'ainsi, comme tout concourt à le démontrer évidemment, la perception du droit proportionnel, faite sur son adjudication, avant ce partage ou règlement, ne peut être ni *régulière*, ni *définitive*;

Qu'elle ne peut être que *provisoire*, dans le véritable sens dudit article 69, puisqu'elle ne repose que sur une *éventualité*;

Que l'acte de partage ou règlement, qui a pour objet de faire connaître quelle portion du prix des biens adjugés au colicitant est entrée dans son lot, s'identifiant et ne faisant qu'un seul et même tout avec l'acte de licitation, puisqu'il en est le complément et qu'il n'y change rien, qu'il n'y apporte aucune modification, ne peut être considéré, dans le sens de l'article 60, comme un *événement ultérieur*;

Qu'une perception non définitivement ordonnée par la loi, au moment où elle a été faite, est essentiellement *irrégulière*;

Que si, aux termes de l'article 28 de la même loi du 22 frimaire an VII, l'adjudicataire colicitant n'a pu, lors de l'enregistrement, ni atténuer cette perception, ni la faire différer par contestation sur la quotité, il lui est resté, conformément à cet article, le pourvoi en restitution ;

Que telle a été l'interprétation de l'article 60, jusqu'en 1835, par la Régie, comme étant le résultat des décisions rendues par M. le Ministre des finances, les 14 avril 1814, 30 avril 1821, 21 décembre 1829 et 31 décembre 1833, rapportées dans les instructions n°ᵒˢ 1107, 1146 et 1451 ;

Que les intérêts du trésor sont garantis, lorsqu'il reçoit *provisoirement* ce qui ne lui est dû qu'*éventuellement* ;

Qu'au contraire, ceux des redevables se trouveraient compromis, s'ils ne pouvaient, le cas échéant, réclamer une avance qu'ils n'eussent pas été tenus de faire, si, avant de présenter l'acte de licitation à l'enregistrement, le règlement définitif de la succession eût été opéré, ce qui était impossible, par la raison qu'il ne pouvait se terminer qu'après les adjudications de tous les immeubles licités et l'aplanissement de toutes les difficultés y relatives ;

Et enfin, que si après avoir payé, dans les six mois du décès, le droit de mutation, l'héritier était encore tenu de payer un nouveau droit proportionnel, pour être approprié de l'objet qui lui est échu par licitation, il arriverait que pour *une même chose transmise par une seule et même mutation*, la Régie percevrait DEUX DROITS PROPORTIONNELS contrairement à la justice, à la lettre et à l'esprit de la loi.

RÉSUMÉ.

Les contribuables ne sont-ils pas déjà assez chargés d'impôts divers que la loi les astreint à payer ?

Est-il permis à l'*arbitraire* de les augmenter par des moyens *subtils ?*

L'abus qui attaque non-seulement ma bourse, mais encore tant d'autres, avec une rapacité insatiable, au mépris de toutes les convenances sociales, et qui me met dans la dure nécessité de le combattre énergiquement, ne s'est établi qu'à l'aide du *mensonge* le plus audacieux, en soutenant qu'une *fiction* est une *vérité*, c'est-à-dire, que la licitation d'un immeuble dont l'un des colicitants s'est rendu adjudicataire, est une vente *réelle* à titre onéreux assujettie au droit proportionnel d'enregistrement, pour la portion qui excède la part de ce colicitant dans les immeubles licités, par le même acte, quoique cette portion n'excède point ses parts dans la masse des biens à partager.

La seule conséquence qu'on puisse tirer de ce faux raisonnement, est, que le colicitant qui, avant la licitation, possédait déjà par indivis, à titre d'héritier, l'immeuble dont il s'est rendu adjudicataire, et qui, après la licitation, le possède seul, au même titre, s'en serait vendu une portion à titre onéreux, *lui-même, à lui-même,* pour un prix, payable par *lui-même*, *à lui-même*, comme étant, *tout à la fois*, *vendeur et acheteur* de cette portion, et aussi, *tout à la fois*, *débiteur et créancier* de ce prix.

Quelque absurde que soit cette conséquence, il est impossible d'en tirer une autre du pitoyable raisonnement auquel elle se rattache, puisque le prix de la portion d'immeuble qu'il soutient avoir été vendue, par licitation, appartient à l'adjudicataire colicitant, et n'est payable à personne.

Pour qu'il y ait vente *réelle* de cette portion d'immeuble, par licitation, il faut nécessairement que son prix, stipulé aux enchères, soit payable par l'acquéreur au vendeur.

Eh bien, ici, ce prix appartient tout entier à l'adjudicataire colicitant, il n'est payable à personne ; donc, il n'y a ni vendeur, ni acheteur, proprement dit, par conséquent, ni vente *réelle* à titre onéreux, mais seulement vente *fictive*, ni mutation, ni enfin aucun droit proportionnel de vente à payer *définitivement*, puisque l'article 15, n° 6 de la loi du 22 frimaire an VII, n'assujettit à ce droit que « les lici- » tations portant translation de propriété à titre onéreux, *par le prix ex-* » *primé.* »

Or, refuser aux colicitants, *mineurs* ou majeurs, la restitution des sommes exigées d'eux, qu'ils n'ont payées que *provisoirement*, pour droits proportionnels d'une vente sur licitation purement *fictive*, dont cette loi n'autorise nullement la perception *régulière*, et qu'ils ne doivent point, n'est-ce pas les leur spolier ? Est-ce tolérable ?

Le Contrôleur de l'enregistrement, *juillet* 1839, *article* 5512, *p.* 193, s'exprime en ces termes :

« La Cour de cassation, Chambre civile, persiste dans ses arrêts des 14 » novembre 1837 et 17 avril 1839. (V. mes articles 5141 et 5142.)

« Voici quelques autres arrêts rendus par cette même Chambre : espé- » rons que les tribunaux de première instance persisteront à leur tour » dans leur jurisprudence et que la question sera ainsi portée devant les » Chambres réunies de la Cour de cassation où elle ne peut manquer » d'être résolue dans l'intérêt des contribuables. Ces tribunaux s'arrête- » ront surtout à cette considération que le bénéfice accordé au fisc sur les » licitations tournera toujours au *détriment* des *mineurs* obligés de li- » citer. »

Les autres arrêts mentionnés sont au nombre de quatre, deux du 10, un du 11 et un du 26 juin 1839.

Quoi qu'on dise, quoi qu'on fasse, jamais on ne pourra comprendre qu'un droit proportionnel de vente soit *légalement* dû, pour une pré- tendue vente par licitation, qui n'est point une vente ni dans le sens de la loi, ni dans celui du bon sens.

CONCLUSIONS.

Elles tendent, Messieurs, à ce que, par les motifs développés, et autres que vos lumières et votre amour du bien public pourront suppléer,

Il vous plaise, à l'effet de faire cesser le *grave abus financier*, que mes propres intérêts et ceux de tous mes compatriotes m'ont déterminé à vous signaler,

Rendre une loi portant, pour principale disposition :

« L'article 60 de la loi fiscale du 22 frimaire an VII, n'est point appli-
» cable aux droits proportionnels, perçus sur les actes de licitation
» comme étant dus *provisoirement* par les adjudicataires colicitants, au
» moment où a lieu la formalité de l'enregistrement des actes de cette
» nature, »

Ou, prendre telles autres mesures que vous jugerez convenables dans votre sagesse, pour parvenir à supprimer cet abus, qui arrache tous les jours des sommes d'argent plus ou moins fortes à ses nombreuses victimes, quelque pénible que puisse être leur position de fortune.

Il ne sera pas dit que le Gouvernement actuel approuve, par son silence, un pareil abus, qui n'avait jamais osé se manifester sous aucun des précédents gouvernements, et qui fait trop de mal pour le laisser subsister.

Je suis avec le plus profond respect,

Messieurs les Pairs,

Messieurs les Députés,

Votre très-humble et très-obéissant serviteur,

Auguste DION.

Angers, le 1er juin 1840.

ANGERS, IMPRIMERIE DE COSNIER ET LACHÈSE.